AMERICAN WAY

SID SIRKIA

Kaikille jotka uskaltavat lähteä matkaan…

Sid Sirkia

American Way

Aina Matkalla kaksi(n ehkä yksin)

runokokoelma

Kannen suunnittelu: Sid Sirkia
Sisuksen taitto: Sid Sirkia

Kustantaja: BoD · Books on Demand,
Mannerheimintie 12 B, 00100 Helsinki, bod@bod.fi
Kirjapaino: Libri Plureos GmbH,
Friedensallee 273, 22763 Hampuri, Saksa

ISBN: 978-952-80-9416-6

Sisällys

OSA KAKSI

-Sandy saapuu kaupunkiin-

Sandy saapui, unelmat tummassa kassissa,
lentäen kohti Manhattanin sykkeitä,
Montrealin kautta, halpa lippu taskussa,
tukka tuulessa, hattua päähänsä asettaen.

J.F. Kennedy, suuri portti kaupunkiin,
punertava tukka viuhuen, askeleet raskaat,
kassissa oli kaikki, mitä hän omisti,
elämää etsien, kaupungin valot kirkkaana.

Hänen takkinsa oli kuin aikamatka,
keskellä 50-luvun varjoja,
farkut ja bootsit katujen tarinoissa,
olen vain matkustaja, hän ajatteli,
ja otti oluen ruskeassa pussissa.

Washington Square Park, puistonpenkki,

hotdogin maku ja kiinteä katse,

kysymys tuli, musta kundi astui eteen,

"Armeijasta?" – ei, Sandy vain turisti,

mutta sama säkki, sama historia.

Yhdessä he nauttivat oluen,

kävelivät Bleeker Streetillä,

kuin kaksi haamuista, kadonneita aikakausista,

toivottivat onnea, sitten tiet erkautuivat.

Hotelli 17, seitsemäs kerros,

pieni huone, ikkunoista kaupunki,

riisiä ja kanaa, soijaa, ducksosea,

yksinäisyys oli vain tunnelma,

kun hississä astui nainen, kaunis ja salaperäinen.

Amanda, kaupungin varjot tunsi,

"Tervetuloa, Sandy" – silmänisku,

hän oli kaupungin TS legenda,

hän, joka kulki omalla tiellään,

ja Sandy, uusin tarina, vielä kirjoittamatta.

-Elämä Alphabet Cityssä-

Viikko kului, kaupungin syke,
East Villagen kulmilla kulki elämän karu kuva,
punkkarit, rokkarit, kadun varjot
ja poliisit, jotka partioivat öisin.
14th Streetin halpahalleissa Sandy kulki,
verkkarit, tohvelit ja halvat lounaat
piti nälkää loitolla, kun keittiö puuttui.

Toisella viikolla soitto Pariisiin,
Stevenin numero kädessä, sydän täynnä toivoa.
Sarah vastasi, uutiset muuttuivat,
Steven oli täällä, New Yorkin kaduilta
löytyi uusi reitti.

Kimppa-asuntojen etsintä alkoi,
loukot ja pikkukämppä toivat väsyneitä päiviä.
Mutta sitten puhelin soi,

ja Steven kertoi asuvan Alphabet Cityssä,

B Avenuen varrella, lähellä Tompkins Square Parkia,

se oli paikka, jossa tuuli puhalsi vapauden viestejä.

Sandy raahasi tavaransa,

yksi huone, ei kaappeja, vain rekkitangot,

mutta ei ollut väliä, omaisuus oli vähäinen,

ei tarvinnut muuta kuin katse ja usko uuteen alkuun.

Stevenin tädin asunnossa

vuokra oli alhainen, "rent stabilization",

kaupungin laki suojeli heitä,

ilman suuria kustannuksia, elämän helpotus.

Vesi, sähkö ja puhelin – puoliksi jaettu.

Sandy oli onnellinen,

se oli läpitalon kämppä,

makuuhuone, olohuone ja pieni keittiö,

jossa keitettiin elämän keittoa.

Täällä, Alphabet Cityssä,

alkoi Sandyn uusi elämä,

ilman suuria unelmia, mutta vapaus oli todellista,

levysoitin soi ja televisio kiinnitti katseen,

ruoka valmistui liesillä, elämä yksinkertaista,

mutta tässä kaupungissa se riitti.

-Koe-esiintyminen-

Kuukauden jälkeen Sandy oli täällä,
New Yorkin kaduilla, kaupungin sykkeessä,
Back Stage -lehti käsissä, kahvia juoden,
tanssijalle mahdollisuuksia, mutta liittoon liittymättä
vain haaveita ja rohkeutta etsiä duunia.

Koe-esiintyminen kutsui,
Navajo-intiaanien riitit, lavalla henki,
koreografia odotti, askel askeleelta
Sandy pukeutui treenivaatteisiin,
hiki valui ja sydän sykki nopeammin.

Lower East Side, vanhat tehtaat, loftit,
kulttuurin kehto, taiteilijoiden maailma,
rämät ovet, portaat ja avarat salit,
tanssijat hakivat unelmaansa,
naiset, miehet, kaikki samoissa liikkeissä.

Koreografiaa, askeleet tarkasti,

naiset sai kutsun tai lähtivät pois,

viisi jäi, miehet astuivat eteenpäin,

Laura kiersi, katsoi, valitsi,

kosketti olkapäätä, viesti oli selvä:

"Sinä jäät, muut menevät."

Sandy tanssi, väänsi liikkeet viimeiseen asti,

keho huusi väsymystä, mutta ei antanut periksi,

kolme miestä, vain kolme jäljellä,

Sandy yksi heistä, mutta jaksaisiko vielä?

Laura sanoi, "Soitan illalla",

ja kaikki meni kotiin,

odotus täynnä tunteita, toivoa ja epävarmuutta,

tanssin ääni soi edelleen päässä,

kunnes soitto tuli ja maailma kääntyi.

-Uusi alku-

Matka kotiin Lower East Sidelta,

Sandy osti ison oluen,

pizza oli valtava,

margherita, yksinkertainen,

makupaloja kaupungin sykkeessä.

Kaupunkinäkymä, pahvilaatikoissa leiriytyneet

kodittomat,

yhteisö elää, turvallisuutta kadun varjoissa.

Sandy söi ja joi,

Miller Light ruskeassa pussissa,

väsymys painoi,

ja penkki oli mukavampi kuin koti.

Nukkui. Syvä uni tuli,

kunnes poliisi herätti,

kysyi, "Onko kaikki kunnossa?"

Hän ei ollut kuullut riitaa, ei meteliä.
Verkkarit, huppari, uudet lenkkarit –
näytti ehkä kodittomalta,
mutta poliisi varoitti ja osoitti,
"Vähemmästäkin ryöstetään."

Kaikki hyvin.
Sandy jatkoi matkaansa kotiin,
silti unelma tuntui lähempänä.

Illalla, sohvalla,
Jeopardy suolasi aivot,
Alex Trebekin ääni tutuksi,
kilpailijat kysyivät, vastaukset löytyivät,
ja Sandy makasi,
syöden meksikolaista,
kun puhelin soi.

Se oli Laura.

"Onnittelut! Olet valittu!

Harjoitukset alkavat maanantaina."

Hämmentynyt, mutta innoissaan,

Sandy kiitti, "Kyllä, nähdään sitten."

Ensimmäinen koe-esiintyminen,

ja heti tärppäsi,

Sandy tanssi sisällään,

juhlia piti –

toinen kiinalainen annos,

kondiksessa piti olla,

maanantaina uusi alku.

-Kiertueelle-

Maanantaiaamuna Sandy astui sisään,

jännittyneenä, mutta valmiina,

treenikassi kädessä, puhtaat vaatteet,

tuoksui raikkaalta, astui esityksen maailmaan.

Laura oli jo siellä, käsi ojossa,

onnittelut ja esittelyt, kasvot uudet,

tohtori Frank D. Reeve, Navajo-taruston tutkija,

Christopher Reeven isä, "Supermanin" varjossa.

Susan, tanssija, kokenut,

Bill, toinen mies, ja Vladimir,

musiikin mestari, Neuvostoliitosta loikannut.

Heidän maailmansa sulautui yhdeksi,

yhdessä luotiin liikkeitä ja säveliä,

Nightway, tarina nousi ilmaan,

esitys elämään, kiertue alkoi.

Hunter College, Park Avenue,

ensi-ilta, yleisö huokaisi,

se oli loistava vastaanotto,

ja sitten matka jatkui,

Columbia University, Boston,

yliopistot täynnä, esitykset osaksi oppia.

Hotellit olivat tarinoita itsessään,

sauna, joka ei ollut sauna,

huoneita junassa, matkailua

ja orkesteri soitti illan pimeydessä,

erilaisia maailmoja,

kaikki ne avasivat ovia.

Opiskelijat, keskustelut,

illan bileet, vapaus,

kiertue toi iloa, matkustamista,

näki koko maan,

maksoivat matkat, elämän rikkaus

koko kiertue,

Bostonin talo,

kauniit vanhat seinät,

ja sitten kiertue loppui,

mutta Laura oli sanonut,

"Ehkä lisää tulee vielä,

kun keikkamyyjä homman hoitaa."

-Ainoastaan New Yorkissa-

Hell's Kitchenin avajaisissa,
juotiin, poltettiin vapaasti,
Sandy nauroi vitsin läpi,
spliffi kädessä, mieli kirkastui.

Pimeillä kaduilla, Alphabet Cityyn,
askeleet jäi, kun iso mies ilmestyi,
pistooli kädessään, uhkasi,
"Anna rahasi!" hän sanoi, naama synkkänä.

Sandy nauraa, ei ymmärrä tilannetta,
"New Yorkissa vain," mies totesi hiljaa.
Mutta Sandy vakavoitui, kaksikymppinen riitti,
siinä kaikki, ryöstäjä nappasi, sitten katosi kadulle.

Mutta rahaa ei enää metroon jäänyt,
Sandy juoksi kiinni, kaikki pelissä,

"Tokeniin tarviin, vain dollari,"
riitti kun pääsee alas, junan luokse.

Ryöstäjä katsoi, nauraen varmaan,
mutta taskustaan hän rahaa kaivoi,
dollari jäi Sandyn käteen,
tinki takaisin, elämä kaupungin.

Mikä aivopieru Sandyllä,
New Yorkin kaduilla kasvaa,
vain täällä näin voi tapahtua,
"Only in NYC," elämä kulkee.

-Navajojen kiitos-

Kului kuukausia, ja Laura soitti,
Phoenixiin, Arizonaan, esitys oli tulossa.
Sandy iloitsi, harjoitukset,
keikka lämmitti mielen ja siivet sai.

Salissa suuri, paikat katsottiin,
ilman yleisöä vielä esitys vedettiin.
Hotellissa syötiin, levättiin,
ennen iltaa, ennen suurta hetkeä.

Teatterissa, ihmiset saapui,
Sandy katsoi, sydän jyskytti.
"Ei saatana," hän hiljaa mutisi,
ja Franki kävi selittämään, hymyillen sanoi:
"Esiinnymme Navajoille, Arizona on koti."

Esitys alkoi, Sandy lensi,

tunne valloitti, kuin ei olisi maassa.

Hiljaisuus salissa, sitten raivokkaat aplodit,

Sandy oli poikki, mutta sydän täynnä kiitosta.

Käytävällä, pukuhuoneen suulla,

kolme päällikköä lähestyi vakavin ilmein.

He pysähtyivät Sandyn eteen,

"Sinä olet intiaani," yksi sanoi lempeästi.

"Aina on koti ja perhe täällä,

olet tervetullut."

Sandy seisoi, ymmällään,

suomalainen kundi, navajona tanssinut.

Kiitos, suurin, mitä oli saanut,

ei sanat riittäneet, vain sydän puhui.

Illalla hotellissa, juomaa nostettiin,

ilo oli suuri, nauru täytti huoneet.

Aamulla lentokenttä, Isoon Omenaan matka,

muisto sydämessä, Arizona jäi taakse.

-Montrealin kohtalo-

Montrealiin saapui Sandy,

kutsu kävi, Cirque de Soleil,

neljä päivää hotellissa,

mutta mieli halusi muuta,

asunto löytyi, uusi alku.

Kaksikerroksinen talo,

yläkerrassa vuokrahuone,

Clarence kokki, Kurt näyttelijä,

mutta nyt baarissa, työssä he.

Ennakkoon vuokra maksettu,

tavarat hotellista haettu,

Cirque de Soleil tapaaminen edessä,

mutta lunta tuprutti taivaalta.

Tennarit jalassa liukasteli,

kauppaan matka sujui,

ostokset kassissa,

palaa kotiin, ruoanlaittoon.

Jalkakäytävällä punaiset valot,

vihreä oli vasta kaukainen.

Suojatielle astuessaan,

suuri musta Lincoln lähestyi.

Jarrutti, mutta lumi esti,

auto liukui kohti Sandyä.

Mies nykäisi, mutta kaatui,

nilkka jäi etupyörän alle.

"Jumalauta, mitä vittua!"

Sandy huusi, kipu valtasi.

Keski-ikäinen kuski,

Bossin puvussa, lupasi apua.

Sairaalassa nilkka lastattiin, särkylääkkeitä annettiin.
Takaisin kotiin, matka taksilla,
tanssiminen jäi, jäi volttit uneksi.

Poliisi tutkisi tapauksen,
pohjeluussa murtuma pieni mutta kivulias.
Cirque de Soleil kuuli,
"Kun olet kunnossa, takaisin pääset."

Sandy tiesi, ettei koe-esiintymisestä
mitään tulisi, mutta sydämessä
jokainen askel oli matka,
Montrealin kohtalo vei mukanaan.

-Rahaa Kanadassa-

Keski-ikäinen sama mies oven takana,
rahoja tarjosi, pelko takana.
Fikka täyttyi, pullo nousi,
päivien huurussa mieli sousi.

Viikot vieri, särky hälveni,
uudet tuulet Sandyä jäljitti.
Molson kupli, matsi pauhasi,
ystävän ääni hetkeä kysäisi.

"Ravintolaan töihin?" Clarence kysyi,
muisto Italiasta hiljaa hyysi.
Keittiössä taas veitset soi,
Le Boeufin liesissä liekki loi.

Montreal lauloi ranskaksi,
kaduilla sykki elämä vapaaksi.

Konsertit, tanssit, valot yössä,

uusi alku, ei kadotetussa työssä.

Kuukaudet menivät, mieli nousi,

tanssin askeleissa sydän sousi.

Lopulta soitto, päätös vahva:

"New York kutsuu, kotiin on matka."

-White Wave Rising-

Takaisin NYC:ssä,

kaupunki hengittää rytmiä,

betonin sydän lyö askelten tahtiin.

Treenisali herää hikoiltuun valoon,

keho taipuu, kurkottaa, kohoaa –

kunto kohdillaan, mieli valmiina.

Kokeilen siipiäni valokeilassa,

Korealaisen,

Young Soon Kimin maailmassa,

Sandy vierellä, kahdessa varjossa yksi unelma.

Sibeliuksen sävelet virtaavat,

kuin tuuli hanhien yllä,

kuin joki, joka ei pysähdy.

Punainen talo seisoo vaiti,

419 Lafayette Street –

teatteri, joka on nähnyt tarinoita ennen meitä.

Viisi esitystä, yksi viikonloppu,

ja jokainen askel on painava, kevyt, ikuinen.

White Wave nousee, me sen mukana.

-Alphabet Cityn tuuli-

Sandy palasi etelätuulen mukana,
Alphabet Cityn kujat tervehtivät häntä
kulunein kyltein, seinäkirjoituksin.

Polkupyörälähetti, vain hetkeksi –
Stevenin fillari alle,
kadut avautuvat, Manhattan sykkii.

Jalat painavat, keuhkot täyttyvät,
tuuli on ystävä, punaiset valot vihollisia.
Kellot kilisevät, autot huutavat.

Kolahdus. Asfaltti ottaa omansa.
Käsi lastassa, unelmat tauolla.
Eikä saastekaan tee hyvää sydämelle.

Ehkä tanssi on vähemmän vaarallista.

Ehkä huominen tuo toisen tien.

-New Yorkin rytmissä-

Stepsin peilit, Broadwayn loiste,

harjoitus huokui askelten pauke.

Tanssisalit, treenit ilmaiset,

unelmat suuret, keinot viisaat.

Back Stagea selasi, Village Voice tiesi,

esiintymiset toivat, jos eivät veisi.

Työttömän arki kiristi vyötä,

sukanvarressa varat, jos muuta ei löydä.

Mayday kissa kehräsi, torakat väisti,

seuraa toi, kun yksinäisyys lävisti.

Steven lähti, Ohioon matka,

Sandy nyökkäsi: "Mut ensin baariin, kaveri kans."

East Villagen yössä varjot tanssi,

punkkarit, transut, näyttelijät.

Pyramid Club, sähköinen taivas,
bändit huusivat elämän raivon maassa.

-Tompkins Square Parkin yö-

Sandy astui kadulle, ilta hengitti tulta,

poliisit, varjot, huudot – kaupungin kylmä syli.

Tompkins Square Park, kaaos syttyi,

ratsupoliisit, pamput, väkijoukko yltyi.

Yhtäkkiä räjähdys, yön musta repesi,

hevosen kaviot, iskut ja huutojen meri.

Sandy seisoi, kuin unessa kellui,

kunnes iski – pimeys peitti.

Veri tyynyllä aamun valossa,

päätä jyskytti, maailma keinui.

Ei vakuutusta, ei lääkärin lohtua,

vain Alphabet Cityn pauhu ja savu.

Viikon verran hehkuvat kadut,

sitten hiljaisuus laskeutui harmaana.

Mutta muisto ei haihtunut,

Tompkins Square paloi mielessä aina.

-Yön rytmissä, vauhdin varassa-

Central Parkin kentällä
luistimet piirsi ympyrää,
funkin syke, sielukas soundi,
jokainen liike vapautta vailla rajaa.

Tuntien tanssi, nauru ja valo,
uudet kasvot, Harlemin tuuli,
piruetit hehkui tähtitaivaan alla,
kaupunki sykki jalkojen alla.

Mutta ilta ei päättynyt vielä,
Columbus Circlessä odotti kyyti,
puskurista kiinni bussin – ja sitten mentiin,
polvet vapisten, lenkkarit kaulassa.

Express-bussi, vihreä aalto,
katuvalot vilkkui, maailma juoksi,

36. Street – pysähdys vihdoin,

vapisevat jalat, sydän lyö vapaana.

Alakaupunki kutsui, Sandy käveli.

-Kesäpäivän sykettä-

Lauantain aurinko hehkui,

asfaltti hohkasi kuumuutta,

Sandy heitti lenkkarit olalle,

rullasi kohti rytmiä.

Central Park sykki elämää,

ihmisiä, naurua, liike virrassa,

mutta tänään ei tanssittu kentällä –

B-52's kutsui kansan koolle.

Poliisit, väkijoukot,

nurmikenttä aaltoili tuhansista,

sävelet nousivat ilmaan,

kaupunki tanssi yhdessä hengessä.

Mutta Sandy halusi nähdä kaiken,

nousi ylös Madisonin taivaalle,

vodka martini kädessä katseli,

kuinka puisto hohkasi lämpöä.

Ilta uutisoi lukemat:

800 000 sielua,

yksi kaupunki, yksi kesä,

yksi hetki, joka ei palaa.

-Sähköä yössä-

Sandy tarttui Siskon käteen,

New Yorkin yö kutsui,

Lone Star Café, neon loisti,

katolla iguana vartioi aikaa.

Sali täynnä, ilma sakeana,

Stevie Ray soitti, kitara itki,

blues virtasi lavalta lattiaan,

sormet liekeissä, sielu mukana.

Encore, ovet auki –

potku pimeään,

Stevie astui kadulle,

piuha seurasi kuin uskollinen varjo.

Auton katolle, soitto jatkui,

kansa kerääntyi, huusi hurmoksessa,

New York hengitti bluesia,
yöstä tuli sähköinen legenda.

Myöhemmin Dr. John,
sama paikka, eri taika,
mutta aina sama totuus –
musiikki oli elossa.

-Bostonin Joulu-

Bostoniin Carlos hurjaa ajoi,
kääntyi, peruutteli, vailla rauhaa,
Sandy epäili, "Tää ei oo ok,
vaan sirkusvieraaksi, tuunko mä?"

Kaksikerroksisen talon eteen he pysähtyivät,
"Viekää äiti nukkumaan", Carlos komensi,
Nici astui ulos, "Mutsikin saapuu,
joulua vietetään, mutta missä se ruoka on?"

"Nouse ylös", Carlos huusi,
Sandy vastasi, "En aikonut jäädä."
Penkin alta kassi, salaisuudet avautui,
keittiön lasipöydälle, uhkaava taakka.

Kaksi kiloa puhdasta, viivat koputettiin,
"Varovasti, nyt ruvetaan leikkaamaan",

Sandy nauraen naamansa pöytään painoi,

"Yksi leffa vaan, oonko mä sama kuin Montana?"

Jakelijat saapuvat, varjoja pimeyteen,

iso kasa katoaa, "Missä mun viinikaappi?"

lahjoja lapsille, kauppakeskuksessa,

kottikärryllisiä leluja, kiirettä hengittää.

Perhe kokoontuu, serkut, mamman ääni,

espanjaa pulppuaa, nauru kaikuessaan,

karibialaista ruokaa, juhlat ja bisse,

pakenemassa todellisuutta.

-Sunnuntain selviytymisriitti-

Stinky Lulu's, sunnuntain turvasatama,
A ja B:n välissä, viidennen varjossa,
krapulaiset sielut etsivät pelastusta –
munakasta ja loputonta vodkaa.

Bloody Mary ensiksi,
sitten matka kohti tequila aurinkoa,
välissä kaikki, mitä vodka voi uneksia,
ja transut tanssivat, pyllyt pyörien.

Pienet käsilaukut, suuret asenteet,
fyrkat sujahtivat sievästi piiloon,
ja Sandy katseli sivusta,
kun draama nousi kuin aamun sumu.

Anoppi saarnasi, mies hikoili,
krapulan kahleissa vaiennut,

mutta drinkit antoivat voimaa,
ja pian tuli myrsky takaisin.

Lopulta kaikki huusivat,
pöytä muuttui näyttämöksi,
ja Sandy vain hymähti –
mikä mestariteos, mikä show.

Illalla taas täyttä, Drag Show loisti,
Stinky Lulu's ei koskaan levännyt,
yö hengitti glitteriä,
ja kaupunki tanssi mukana.

-Pyykkipäivän rauha-

Goofy-hattu vinossa,
verkkarit löysät, huppari päällä,
kaksi säkkiä pyykkiä kainalossa,
varvassandaalit läpsyen matkaan.

Pesulan ovi kilahti,
pari kaljaa, kirja auki,
rummut pyörivät, aika venyi,
vaahdon hiljainen tanssi vei mennessään.

Sanat soljuivat asiakkaiden kesken,
tai joskus vain kirjan sivuilla,
ajatukset ajautuivat kauas,
mutta pesukoneet pitivät ne kiinni ajassa.

Lopulta viikkaus, lajittelu,
puhtaat vaatteet tuoksuivat uudelta alulta,

ja kun Sandy astui kadulle,

Cyndi Lauper vilkutti hymyillen –

ehkä elämä oli joskus juuri näin yksinkertaista,

hetkiä, jotka tuntuivat kevyiltä,

pyykkisäkkit olalla,

Goofy-hattu päässä.

-Sandy ja suuret nuket-

Työt taas haussa, lehdet selailuun,

Back Stage, Village Voice,

teatterin maailma kutsui,

ja Sandy vastasi.

Hudson Vagabond Puppets,

liikkuvia varjoja, suuria nukkeja,

Peter ja susi – sävelissä tarina,

Prokofjevin henki kulki mukana.

Mukana klovni, loikkarit idästä,

brazilialainen ja pari paikallista,

sekä Sandy, suomalainen,

koko joukko tien päällä,

lapset katsoivat lumoutuneina,

äidit hymisivät riveissä,

teatteri eli ja hengitti,

valtiosta toiseen, koulusta kouluun.

Mutta shekit söivät osan palkasta,

15 prosenttia kadun kulmilla,

kunnes kysymys esitettiin:

"onko sinulla työlupa? "

Ei ollut. Mutta teatteri taisteli,

sanoi: "Tämä suomalainen kuuluu meille."

Immigration epäili, kysyi miksi,

vastaus yksinkertainen:

"Koska ilman Sandya, tarina ei olisi sama."

Ja niin Sandy sai pankkitilin,

ja paikan näyttämöllä,

jonka hän oli aina tiennyt omakseen.

-Illallinen kartanossa-

Keskilännen koulu, keikka ohi,
lapset taputtivat, äidit valvoivat,
ja sitten saapui Annabella,
hymy kuin kiillotettu koru.

"Onko kiire lähteä, taiteilijat?
Tulkaa meille, syömään, juomaan."
Ilmainen illallinen, tyhjät vatsat,
totta kai mennään!

Sähköportti avautui,
Mansion loisti kuin elokuvissa,
Mersu, Ferrari, BMW rivissä,
taiteilijabussi naurahti niille.

Sisällä kuohuvaa,
krumeluuria katossa ja seinissä,

maalauksia, joissa isäntäpari
tuijotti ikuisuuteen.

Rouva asteli alas portaita,
kuin Tuulen viemää -elokuvasta,
mieheni ei ole täällä, mutta nauttikaa,
viini virtaa, pöytä katettu.

Tilkka lisää, kierros puistossa,
loistoautot, suihkulähteet,
hupparit ja nahkatakit
kuljeksivat kartanon tiluksilla.

Illallinen, kynttilät hohtivat,
pöydässä jo neljä tytärtä,
Annabella kuiskasi Sandylle:
"Eikö Susan olekin viehättävä?"

"Kyllä, miksi?" Sandy kysyi,

ja vastaus oli kuin käsikirjoituksesta:
"Me haluaisimme taiteilijan sukuun,
nai Susan – saat valita auton."

Ruoka juuttui kurkkuun,
hullu maailma,
Sandy nosti lasin, hymyili,
ja mietti, miten pääsisi pakoon.

Lopulta jälkidrinkit,
mutta Sandy tiesi: aika mennä.
"Ok, nyt lähdetään –
tai joudun naimisiin."

Naurua riitti, yön ilma raikasti,
bussi starttasi pois kartanon pihasta,
ja Sandy tiesi:
elämä on joskus absurdimpaa kuin teatteri.

-Uusi suunta-

Viikkoja aikaa, mutta päätös tuli,
muuttaa, lähteä, uutta etsiä,
Sandy kävi koe-esiintymisissä,
tanssijaksi maailmalle, mutta vielä jäi kesken.

Moses Pendletonin ryhmä –
maailmankiertue lähellä,
mutta viimeinen vaihe vei toivon,
tuli uusi työ, kapakka, tanssi.

Tipit kohtuulliset, ystävällisyys vaadittiin,
mutta silti riitti kusipäitä,
töissä iloista, työttömät nauraa,
viihdealalta ei puuttunut väkeä.

Elokuvaroolit silloin tällöin,
NYU:n kampuksella tilaisuus,

tanssifilmi, Washington DC,

mimmitanssijat ja kolme kundia,

Sandy, Ben ja Deryl valittiin,

harjoitukset Virginiassa,

perheessä, jossa tanssija kasvoi,

viikko kuvausta, neljä viikkoa treeniä.

B Avenuen asunto jäi,

tavarat kasaan, matka kohti DC:tä,

keikka ensin, sitten uusi koti,

New Yorkin kadut vielä odottivat.

-Kevät, juna ja kiihko-

Kevät tuli, juna lähti,
Sandy matkasi etelään.
Monique odotti Chevyn kanssa,
kukat kädessä, hymy huulilla.

Kassi konttiin, menoksi.
Virginiaan, omakotitaloon,
äiti tervehti, isä Pentagonissa –
täydellinen tilanne vapaudelle.

Viikko tanssittiin hiki iholla,
tohtori Murphy huusi rytmiä kehoon,
iltaisin Sandy rojahti sänkyyn,
oma huone, oma TV, pieni rauha.

Mutta viikonloppu toi jotain muuta.
Monique avasi oven, Sandy nukkui,

peitto pois, kulli pystyssä.

Tyttö hymyili, riisui, lipui viereen –

lämpö, huulet, märkä hyväily.

Ei sanoja, vain liike, ääniä yössä,

nahka vasten nahkaa,

sänky notkui, hiki virtasi.

Onneksi ketään ei ollut kotona.

Päivällä nähtävyydet, yöllä toisiaan,

huulet nälkäiset, kädet ahneet,

ajan kulku unohtui päivässä.

Kun treenit taas alkoivat,

Lisa vilkaisi ja nauroi:

"Näinhän siinä käy,

kun hyvä jätkä saapuu kylään."

-Kuumat kuvat, kylmät juomat-

Vintillä, vanhan tallin yllä,
kamera surisi, hiki valui.
Kesä paahtoi yli kolmenkympin,
tauot paikallaan.

Elokuva kuin Twin Peaks-unta,
nimeltään *Current Crossing*.
Kummat kuvat, oudot varjot,
hulluus tanssi linssin edessä.

Claudia kysyi, kuka lähtisi,
Maine kutsui, tanssifestarit huusivat.
Matkat, majoitukset, kaikki hoidossa –
ei muuta kuin päivät tietoon.

Kaikki nyökkäsivät, Sandy eniten,
hällä ei ollut kiirettä mihinkään.

Jäätiin katsomaan raakaleikkausta,
tanssien hetket filmillä todeksi.

Ja sitten – karonkka!
Hotelli, illallinen, lasit täynnä.
Syötiin, juotiin, naurettiin,
kuvausryhmä mukana menossa.

Yö oli nuori, huoneet odottivat,
kuka jäi, kuka katosi?
Tanssin jälkimainingit,
unet hikisiä, kuvia villimpiä.

-Kännilupaus ja pitkä tie-

Karonkan hulinassa lasit täyttyi,
sanoja heiteltiin, lupaukset lensi.
Sandy paukautti kovaan ääneen:
"Minä ajan prätkän perille!"

Aamu herätti krapulassa,
avaimet yöpöydällä lojuivat.
Onneksi Monique viisas,
vei kamat festareille autollaan.

Huppari, farkut, bootsit jalkaan,
HD odotti, sivulaukut täyteen.
Vapisutti, mutta ei perääntyä voinut –
kaasu pohjaan ja matkaan.

Ensimmäistä kertaa ison pyörän päällä,
ensimmäinen mutka – liikaa!

Sandy suoraan pellolle rysähti,
prätkä nurin, huuto: "Perkele!"

Maalaistalo, apua saatavilla,
ystävällinen isäntä, vahvat kädet.
Pyörä taas tielle, Sandy matkaan,
550 mailia edessä.

Maryland, NewJersey, New Yorkin villinä,
Manhattan jäi taakse,
New Haven toi levon,
pihvi lautasella, bisse kourassa.

Aamu toi uutta virtaa,
Massachusetts, New Hampshire –
tie vei eteenpäin.
Kun sade iski, auto suuri,
perhe pysähtyi,
tarjosi kahvia, suojaa, leipää.

Sitten takaisin ratsun selkään,

kaasua, kohti Portlandia.

Festariteatterit löytyivät,

tanssiryhmä odotti.

Harjoitus, neljä esitystä,

adrenaliini syttyi liekkiin.

Matka oli pitkä, mutkat mukana,

mutta Sandy perille saapui.

-Lobsteria ja lähdön hetki-

Mainen rannoilla, meren tuoksu,
seafood-pöytä notkui herkuista.
Hummeri, simpukat, maissi höyryävä –
kuusi taalaa, maku mittaamaton.

Sandy heitti ilmaan toiveensa,
katto pään päälle NYCissä.
Deryl virnisti, nosti lasiaan:
"Brooklynissa tilaa aina yhdelle."

Hyvästit maistuivat suolalle,
poskisuudelmia, numerot talteen.
Claudia ojensi kävelykepin,
"Pidä kiinni, kun polvet pettää."

Monique kaasutteli kohti etelää,
mutta silmäkulmassa viipyi lupaus:

"Ota yhteyttä, kun hauskan aika"
– ja silmänisku lähetti viestin.

Pikkuteitä, Rhode Islandin kujia,
ei kiirettä, vain matka itsessään.
Tien laidassa liftari, nimi Josh,
nosti peukun, hyppäsi kyytiin.

Auto jatkoi kulkuaan,
neljä matkalaista, tarinat sekoittuen.
Tie vei eteenpäin, kuten aina,
uusi kaupunki, uudet muistot.

-Oyster Bayn illanvietto-

Josh liftari, huumorimies,
"Hessu Hopona" kulki tie.
Kutsui jengin kotiinsa,
Oyster Bayn kartanoon.

Vanhemmat Floridassa, talo tyhjä,
uima-allas, sauna, piha valtava.
Pensasaidat suojana, keittiö täynnä –
kaljat auki, Josh virnistää:
"Nälkä?"

Pakastin aarteita pursusi:
katkarapuja, kalaa, hummereita,
lihaa, pizzaa, vihanneksia,
viiniä kylmänä pullotolkulla.

Sandy lämmitti sähköisen saunan,

lämpö nousi, löyly kutsui.

Muut istuivat altaalla,

ei kiinnostusta kuumaan huoneeseen.

Vesi sihahti kiville,

ääni kiiri yöhön asti.

Josh ryntäsi kauhuissaan:

"Mitä hittoa sä teet?!"

"Heitän löylyä", Sandy tokaisi,

Josh kalpeni: "Mutsi varoitti,

se on kuin sähkötuolissa istuis!"

Sandy hymähti, katsoi kiuasta:

"Tämä on Helo, Suomesta,

ja niin minäkin.

Ilman löylyvettä sauna –

ei nautinto."

-Rauha ja Raivo-

Kesäilta kultainen,

pöytä täynnä, viini virtaa.

Ulkoilmassa tarinat lentää,

hymyä, naurua, yltäkylläisyyttä.

Josh jakoi makuupaikat,

ei kiirettä, ei huolta.

Päivät venyivät lokoisiksi,

aurinko helli, allas kutsui.

Sandy kellui kuin kehdossa,

ilmatuolissa, silmät kiinni.

Vesi keinutti, uni vei –

täydellinen rauha.

Kunnes…

Marge sisko Joshin saapui,

silmät leimuten,

katse pyyhki joukkion läpi.

Sitten alkoi myrsky:

"Taasko tuot puliukot tänne?!"

Josh nielaisi, Sandy heräsi,

porukka tajusi viestin.

Oli aika pakata laukut,

paluu matkaan, kohti Brooklynia.

Tie odotti, kaupunki kutsui,

Oyster Bay jäi taakse, –

kesäyön nautinto ja äkkilähtö.

-Brooklynin kuuma kesä-

Brooklyniin tultiin, Park Slope odotti,
betoni hehkui, kuumuus kohotti.
Toinen kerros, avaimet kilisi,
säännöt oli selvät, täällä eletään niin.

Derylillä oma huone, oma tila,
Sandy patjalla – ei turhaa iloa.
Porraskäytävän kautta mentävä oli,
mimmien läpi ei yksikään kolli.

Shanice, Nia, Deja – tanssivat liekit,
huone jaettu, unelmat siivet.
Alvin Ailey, hiki lattialla,
Sandy treenasi, rinnassa paloi.

Lihakset viilsivät kuin veitsi ihoon,
punainen tukka – katseet lihoo.

Naiset ja miehet vilkuilivat perään,
kesä New Yorkissa, kehot ei peräänny.

Sunnuntai, kämppä tyhjäksi jäi,
vesi ropisi, Sandy ammeeseen jäi.
Hetki yksin – tai niin hän luuli,
verho siirtyi, varjo kuului.

Shanice seisoi siinä, huulet mutkalla,
katse painoi, sanoi suoraan vaan:
"Muut lähti puistoon, mä haluan nähdä."
Sandy hymähti, "Katsele, jos kestät."

Vaatteet putosi, ei tarvittu sanoja,
Brooklynin kesä kuumeni lisää.
Tanssi jatkui, eri rytmissä nyt,
kaupunki sykki, maailma hymyili.

-Brooklynin yössä-

Sandy oli ollut liian kauan kiltti,
nyt Soho kutsui, kaupungin viltti.
Jonathanin luona pohjat kaadettiin,
kadut hehkui, maailma avattiin.

Klubit sykki, valot välkkyi,
pari päivää ilon hedelmää näykki.
Savut, shamppanjat, transut ja tähdet,
Jasmine vei, Sandy hymyili nähden.

Yö oli kiihkeä, kuuma kuin helvetti,
Jasmine puki, Sandy naurahti,
tytöksi hänet muovaili,
kahden vartaloiden voima valaisi.

Limusiini odotti, jano ei sammunut,
shamppanja virtasi, muistot katkesivat.

Auto taloon, hissiin, kolmanteen kerrokseen,
limo lipui suoraan juhlasaleihin.

Sata ihmistä, kuiskaus ja hehku,
baari hohti, tarjottimet leisku.
Herkkupöydällä makasi nainen,
ruoka iholla, katseet hämärässä lainehti.

Sandy kulki, drinkki kädessä,
katse tarttui, sydän värähti.
Pitkä, tumma, Jamaikan tuli,
ääni radiossa Yölinjan suli.

Avaruuspuku, piikkarit terävät,
hatussa antennit, Sandy häkeltyi,
tuskin napaan asti ylsi,
suusta karkasi vain lause yksi:

"Rakastan sinua."

-Brooklynin varjot-

Aika suli yön syliin,
Brooklyn hengitti syvään.
Kadut maistuivat savulta ja sanoilta,
tupakkakauppojen kellastuneilta lehdiltä.
Manhattan kiristeli hampaitaan,
mutta täällä – täällä veri kiersi vapaammin.

Italialaiset ruokapöydät notkuivat,
halpaa viiniä, raskaita kastikkeita.
Jamaikan kadut hohkasivat mausteita ja magiaa,
voodoo ja rumpujen kutsu yön rajalla.
Sateenkaaret paloivat katujen asfaltilla,
valot vilkkuivat, tahti kiihtyi.

Deryl ja Sandy, yö humalassa,
gay-baarin musiikki värisi iholla.
Lasit särisivät pöydällä,

katseet eksyivät raskaiksi.

Tanssi muuttui painoksi kehossa,

hitaaksi, väistämättömäksi poltteeksi.

Kotiin horjuvat jalat, nauru särkyy,

ilma sähköä täynnä.

Sängyssä hengitys katkonaista,

kireänä, kuumana, sykkivänä.

Deryl tuli lähemmäs,

ihon alla myrsky nousi.

Sandy antoi periksi,

tai ehkä vihdoin löysi itsensä.

Ei sanoja, ei kysymyksiä –

vain kiihkeä sysäys tuntemattomaan.

Yö nieli heidät,

eikä aamunvalo kiirehtinyt sisään.

Sam – Chelsea Hotelin varjoissa-

Deryl katosi länteen,
Los Angeles nieli hänet.
Brooklyn muuttui tyhjäksi,
kadut eivät enää hengittäneet samaan tahtiin.
Sandy pakkasi elämänsä laukkuihin,
suuntasi Chelsea Hotelliin,
204 West 23rd Street –
paikka, jossa unet ja todellisuus sekoittuivat.

Huone oli pieni, suihku tihutti kylmää vettä,
keittokomero hengitti kaasun hajua.
Mutta seinien sisällä –
kaiken maailman taiteilijat,
runoilijat, maalarit, varjot.
Yö oli pitkä,
eikä aamu ollut koskaan kiireinen.

Transut ottivat hänet siipiensä alle,

viikonloput kestivät päiviä.

Viini virtasi, musiikki kiersi lattiaa,

kädet hivelivät pehmeää ihoa.

He pukivat hänet,

hymyilivät hyväksyvästi,

"Pyllysi on täydellinen, timmi ja pyöreä."

Sandy kuiskattiin pois –

syntyi Samantha. *Sam.*

Sam tanssi neonvalojen alla,

nauroi sakeassa savussa,

osti korsetteja, kiiltonahkaa,

mekkoja, jotka saivat katseet kääntymään.

Drag-showt sytyttivät lavan,

sateenkaaren alla tipit satelivat.

Chelsea vaihtui Lower East Sideen,

Chinatownin reunalle,

pieneen kaksioon,

jossa kauniit vaatteet täyttivät kaapit

ja kylpyamme seisoi keskellä keittiötä

kuin muistutus siitä,

että mikään elämässä ei ole tavallista.

-Samantha Uudestisyntyminen-

Samantha oli elänyt jo vuosia varjojen ja valojen välissä,
East Villagen baareissa, West Villagen yössä,
Lower East Siden katujen sykkeessä.
Hän oli kauneus ja kapina samassa kehossa,
ilo ja lakoninen synkkyys samassa hymyn kaarteessa.

Miehet kurottivat häntä kohti, naiset jäivät kaipaamaan,
kaikki halusivat osansa Samin maailmasta.
Treffit, suudelmat, yön kuiskaavat hetket,
korkokengät asfalttia vasten – tarina, joka ei koskaan
päättynyt.

Hänen pieni asuntonsa oli aarrearkku,
silkkikankaat kuiskivat eri aikakausilta,
1920-luvun charlestonmekot,
nykyajan neonhehkuiset korsetit.
Rakastajien lahjoittamat korut kimalsivat,

muistoina hetkistä, jotka elivät vain öisin.

Mutta sydämen salaisin unelma sykki syvemmällä,

kokonaisuus, jota hän ei vielä saanut koskettaa.

Rahaa kertyi, jokainen dollari askel eteenpäin,

kohti uutta peilikuvaa, kohti itseään.

New Jerseyn yksityissairaala, valot himmeinä,

veitsen kosketus kuin kuiskaus iholla.

Kaksi kuukautta eristyksissä,

vain lähimmät saivat nähdä haurauden,

ystävät, jotka toivat ruokaa, siivosivat,

kantoivat häntä kun jalat eivät vielä jaksaneet.

Kun hän katsoi peiliin ensimmäistä kertaa,

maailma pysähtyi.

Ei enää puolikas, ei enää melkein –

vaan kokonainen. Nainen.

Uusi henkilö, mutta silti sama.

Samantha oli syntynyt uudelleen.

-Samin ilta ja uuden elämän kuiskaus-

Tavern on the Green, illan kultaama,
keskuspuiston puut loistivat valoa pimeyteen.
Sam ei tiennyt, miksi sai pöydän näin nopeasti,
mutta tänä iltana hän ei kyseenalaistanut kohtaloa.
Hän oli kaunis, säteilevä,
illan kuningatar, eikä kukaan voinut katsoa pois.

Andy saapui limusiinilla,
shamppanja poreili lasissa,
jään viileys vasten sormenpäitä,
takapenkin pehmeä hämy,
kaksi siluettia kaupungin yössä.

Illallinen oli täydellinen,
ruusuja, katseita, sanoja ilman painoa.
Sam kertoi tarinansa ilman varjoja,
Andy kuunteli, ei kysellyt liikaa.

Mies meklarina Wall Streetillä,

isänä pojalle,

mutta tänä iltana vain tässä,

vain Samille.

Ei kiirettä, ei odotuksia.

Sam valitsi yksin kuljetun yön,

Broadwayn keltaisten valojen alla,

Columbus Circlestä Time Squarelle,

Union Squarella jalat hidastivat,

kirkkaus muuttui pehmeämmäksi.

Strandin kirjat, hyllyjen loputtomuus,

samettikassi olalla,

tarinoita kannettavaksi kotiin.

Hän kylpi kynttilän valossa,

katsoi heijastustaan,

ja ymmärsi – jokin oli muuttunut.

Vuosi kului, rakkaus kasvoi.

Kun Staten Islandin lautta halkoi vettä,

Andy polvistui,

meri keinui kevyesti alla,

ihmiset henkäisivät ja taputtivat,

kannustus täytti ilman.

Sam hymyili, katsoi mieheen,

ja tiesi vastauksen jo ennen kuin kuuli kysymyksen.

"Kyllä."

-Häät-

Häät pidettiin Staten Islandilla,
Community Center, juhlat alkoivat,
koristeena kukat, maljat ja ruoka,
viini virtasi, baari auki, oli hauskaa.

Sam tummanviolettiin pukeutui,
Twiggy-tyyli, kuin muotilehdestä,
morsiusneidot, suloiset transut,
kaikki naurua, iloa, sydämet lauloi.

Satakunta vierasta, suuntia monia,
rakkautta juhlitaan, jokaisessa muodossa,
musiikki soi, Pet Shop Boys valloitti,
koko sali tanssi, ei ollut rauhaa.

Andyn poika Peter ja ex-vaimo Caroline,
he näyttivät viihtyvän, iloinen hymy,

Caroline sanoi, "Olen onnellinen puolestasi, Andy."

Bileet paukkuivat, kuin onni tulvii,

ja kaikki hetket, ikimuistoisia,

ja paikallinen lehti, Village Voice,

kuvasi rakkautta, ääniä, kuvia.

-Muutos-

Pariskunta muutti Hell's Kitchenin sykkeeseen,
West 51st Street, unelmat heräsi eloon,
Andy osti asunnon, uusi alku toivoi,
vanhat kalusteet, painavat muistot, pois karkoitti.

Sam, taiteilija, rakasti rosoista kauneutta,
katujen aarteita, rikkaiden hylkäämiä,
ne kantoivat tarinoita, menneisyyden kuisketta,
elämää huoneissa, joista unelmat nousi.

Drag Showssa hän loisti, lavalla tähden lailla,
ei enää tarjoilija, vaan elämän ilosanoma,
Arriba Arriba, meksikolainen temppeli,
Mauritsio baarimikkona, margaritat olivat riemua.

Bebe, papa ja mama, juomat kuin myrsky,
kahden drinkin jälkeen maailma pyöri,

kello kaksi, laki sulki ovet,
mutta Mauritsio veti verhot, salaisuudet auki.

Bailata sai aamuun, riemussa vaivutti,
Andy pörssissä, onnen pelissä hurmosti,
kolme vuotta kiihkeää eloa,
kunnes varjo sisäpiirikaupat, kaikki romahti.

Vankilaan vietiin, elämä kääntyi,
rahakasa takavarikoitiin, vain asunto jäi,
Sam palasi tarjoilijaksi, yksin pimeydessä,
elämän uusi luku, rakkautta kaipasi.

Puolitoista vuotta, tuomion jälkeen,
Andy kuoli kapinassa, vankilan muureissa,
elämä leskenä, yksinäisyyden huone,
hiljaisuus kietoi, sydän vailla rakkautta.
Yksin.